L'ATTITUDE

DES

PARTIS EN FRANCE

DEVANT LES ÉLECTIONS DE 1863

PAR

ALPHONSE DE CALONNE

EXTRAIT de la REVUE CONTEMPORAINE

(Livraison du 15 mai 1863)

PARIS

AUX BUREAUX DE LA *REVUE CONTEMPORAINE*

1, RUE DU PONT-DE-LODI

1863

L'ATTITUDE

DES

PARTIS EN FRANCE

DEVANT LES ÉLECTIONS DE 1863

Les Élections de 1863, par M. Prévost Paradol. Paris, Michel Lévy frères. — *Les Démocrates assermentés et les Réfractaires*, par M. P.-J. Proudhon. Paris, E. Dentu. — *Une Excursion électorale*, par un habitant de Château-Thierry. Paris, Amyot.—*Manuel des Élections législatives*, par M. V. Legay. Paris, Paul Dupont.

I

Si, comme on le prétend, l'esprit politique est assoupi en France, s'il est vrai que l'atonie ait remplacé la fièvre des beaux jours parlementaires, et que le pays soit condamné à la honte silencieuse de la prospérité satisfaite, ce n'est pas faute d'incitations et d'efforts tentés pour secouer la torpeur d'un peuple renommé jusqu'ici pour son goût de l'agitation. Au moment où le mandat de la seconde législature de l'Empire vient de prendre fin, et où les comices sont appelés à renouveler leurs suffrages, l'heure a paru convenable, toutes réflexions faites, pour aiguillonner les tempéraments paresseux et leur montrer les malheurs qui fondront indubitablement sur la France si l'on commet la faute, l'irréparable faute de ne pas combattre par une manifestation électorale la politique du gouvernement. Les écrits ne manquent pas tendant à provoquer cette manifestation ; les journaux proché d'eux sur tous les points essentiels de la conscience humaine, et qu'il nous semble regrettable, étant si près, de demeurer si loin. Pour ces hommes, nous voudrions dépouiller notre discussion de tout ce que l'ironie peut nous fournir d'armes faciles; si nous n'y parvenons pas toujours, ils nous excuseront en pensant que ces matières sont de celles où il faut aiguillonner de temps en temps le lecteur, à moins qu'on ne possède comme eux l'art précieux de toujours l'éblouir.

Les deux écrits dont nous avons le plus à nous occuper, celui de M. Prévost Paradol et celui de M. Proudhon, diffèrent, on le comprend, autant par la forme que par le fonds; pourtant ils s'accordent en quelques points importants et réunissent ensemble tous les arguments qui ont été produits. Les deux petits livres modestes que nous leur avons adjoints dans notre étude sont: l'un, une spirituelle satire des idées dites parlementaires; l'autre, un simple guide électoral, où la réglementation de l'exercice du suffrage universel est exposée avec une parfaite clarté. Nous ne songeons nullement à opposer ces deux écrits aux deux autres. Si l'habitant de Château-Thierry répond souvent d'une manière heureuse aux vulgaires attaques dont l'Empire est l'objet, il n'a pas la prétention de s'élever jusqu'aux théories de la politique; son bon sens s'adresse à tout le monde, et M. Proudhon n'a presque rien à y voir. Le célèbre sophiste n'a pris d'ailleurs les élections que comme un point de départ pour exposer à sa façon les dispositions essentielles de la Constitution, et tenter de les mettre en contradiction avec les lois qui en dérivent et avec le suffrage universel lui-même. Nous n'avons pas non plus l'intention de le suivre partout sur ce terrain; nous limitons nos recherches au sujet actuel, aux élections par le suffrage universel sous l'empire de la Constitution de 1852. C'en est assez pour nous mener très loin.

II

Il existe un parti formé de pièces de rapport, d'éléments un peu pris partout, mais dont le noyau, la masse encore ferme et compacte, appuyée sur la fortune, ornée par la culture de l'esprit, signalée par l'habitude de la plume et de la parole, réunit la plupart des hommes qui ont, directement ou par mandataires, gouverné la France du 29 juillet 1830 au 24 février 1848 : on l'appelle le parti parlementaire. Il compte dans son sein des hommes marquants, des écrivains célèbres, des orateurs fameux, des historiens illustres. C'est lui qui règne à l'Académie française et qui dispense les faveurs de la renommée littéraire ; il a même de telles racines dans les administrations publiques et dans les grandes institutions de l'Etat, qu'il y ménage des emplois à ses coryphées et des retraites à ses blessés, si bien que, pareil à la lance d'Achille, l'Etat se trouve guérir souvent les blessures qu'il a faites. Il y a mieux : habile à parer les coups et à éviter les foudres, il sait abriter ses machines de guerre sous l'égide du dévouement et pénétrer dans les places avec la garnison. Ce parti a beaucoup de vertus, beaucoup de savoir, beaucoup de talents, mais il a deux travers : il se croit éclairé à l'exclusion de tout autre et déteste le suffrage universel. Malgré son esprit fin et pénétrant, M. Prévost Paradol, qui relève de ce parti, donne aussi dans ce double travers. Quand il parle de ses amis politiques, il les appelle « la partie éclairée de la nation, » ce qui revient à dire que tout le reste est plongé dans les ténèbres. Nous aurions beau jeu si nous voulions rappeler combien les hommes « éclairés » d'aujourd'hui ont été aveugles autrefois, et montrer, par leurs discours et leurs actes, combien il serait dangereux de prendre encore une fois leur esprit politique pour flambeau. Il y a des lumières qui éblouissent et conduisent à l'abîme ; les leurs sont probablement de cette espèce.

Le second travers est la conséquence du premier. Il est naturel à tous ceux qui se croient plus éclairés que les autres de mépriser infiniment ceux-ci. Le nombre n'est rien pour eux ; c'est l'intelligence seule qui compte. Mais (il nous est bien permis de le demander) à quels indices l'intelligence politique se reconnaît-elle, et quelle dose en faut-il pour en avoir suffisamment ? Nous avons déjà vu plus d'une fois cette chimère de la qualité opposée à la réalité de la quantité, mais on ne nous a jamais dit quel poids il en fallait pour former une majorité. Sous l'empire du régime censitaire et lorsque les radicaux, dans leurs plus hautes ambitions, demandaient l'adjonction des capacités, on proposait pour base d'admission dans le corps électoral certains titres acquis, certains diplômes obtenus, certaines marques enfin où l'homme étant reconnu capable en mécanique, en chimie, en grammaire, en calligraphie, en toutes choses, excepté en politique, serait tenu comme capable aussi de porter un jugement sur les affaires publiques et de discerner parmi les candidats celui qui saurait le mieux les faire prospérer. On se souvient avec quelle énergie les parlementaires, alors au pouvoir, résistèrent à de si exorbitantes prétentions ; ils préféraient, aux capacités suspectes qu'on leur offrait, les capacités censitaires éprouvées. Ils n'avaient, à cette époque, qu'une médiocre confiance dans « cette partie éclairée de la nation, » et ils estimaient qu'un rôle d'impositions ouvrait bien mieux les yeux qu'un diplôme de bachelier. Que nous sommes loin de ces temps-là ! Aujourd'hui, ces mêmes parlementaires, qui résistaient au diplôme

ne voudraient plus que des gens « éclairés, » c'est-à-dire diplômés
dans le corps électoral. Arrière les vilains, arrière le paysan stupide,
le prolétaire sans brevet ! ils sont indignes d'approcher le scrutin.
Vile multitude, retirez-vous ! Savez-vous lire, seulement ? Peut-être,
mais vous ne savez pas écrire. On vous fera la grâce de vous admettre le jour où vous-même, de votre main, en séance publique et devant des juges « éclairés, » vous saurez écrire couramment et clairement le nom du candidat de votre choix. Voilà le suffrage universel
comme le voudraient les parlementaires ; voilà ce qu'ils appellent un
suffrage universel réformé, régularisé, affranchi. Sans doute, entre
e jour où ils repoussaient l'adjonction des capacités et celui où ils
les admettent jusqu'à l'écriture inclusivement, un long chemin a été
parcouru, mais nous augurons qu'après de nouvelles réflexions ils ne
tarderont pas à faire le reste de la route. Est-il possible, en effet,
qu'ils aient voulu, en même temps qu'ils y appellent tous les saute-
ruisseau et tous les peintres d'enseignes, bannir du scrutin deux des
classes les plus honnêtes et les plus intelligentes de la nation, les laboureurs et les marins ? M. Prévost Paradol a-t-il jamais vu la main
d'un marin, a-t-il jamais serré la main d'un laboureur ? Cette main
du marin, qui ne s'est formée qu'à la suite du plus dur travail et
des plus douloureuses épreuves, ce n'est plus une main ; elle a été
broyée cent fois dans les plis des voiles, dans les nœuds des cor-
dages. Elle serre avec peine un bout de filin ; il lui serait impossible
de tenir et surtout de guider une plume. La main calleuse du laboureur n'est guère plus adroite à manier un instrument si délicat. Marins et laboureurs ont tous su écrire, ils savent lire toute leur vie ;
mais à quarante ans, ils peuvent à peine signer leur nom, et d'une
manière illisible ; comment écriraient-ils le nom d'un étranger ? Irez-
vous entretenir pour eux des cours publics d'écriture, et, avant les
élections, les convier à se refaire la main ? Ou bien, plus inconsé-
quents encore, les évincerez-vous honteusement du scrutin, eux dont
l'intelligence est souvent si développée, dont le cœur est si haut, ces
marins qui ont guidé la fortune d'autrui et la leur à travers les flots,
souvent réduits à deviner les secrets du ciel, à prévoir ce que la science
ignore, eux qui ont vu tant de fois Dieu face à face ? Ces laboureurs qui
étudient tous les jours les lois de la nature et d'indices imperceptibles tirent des inductions à confondre le philosophe, eux qui nour-
rissent et enrichissent la France après l'avoir défendue ; les frapperez-
vous d'incapacité, eux qui comprennent mieux que tous les scribes
les besoins du pays, qu'ils servent de plus près, du sol de la patrie,
qu'ils étreignent et qu'ils fécondent ?

Si nous généralisons la question, nous trouverons bien plus
étrange encore la prétention d'établir une caste de lettrés au milieu

du suffrage universel. L'instruction n'est pas toujours une marque d'intelligence, et le sens politique peut fort bien échapper au meilleur professeur d'écriture et de grammaire. Si même il était permis d'élever notre critique à des hommes si haut placés dans l'opinion et dans notre propre estime, nous trouverions que parmi les plus illustres académiciens et les docteurs émérites du parlementarisme, il en est qui n'ont pas toujours donné de leur sens politique une idée bien rassurante, et qui par les fautes de jugement qu'ils ont commises mériteraient peut-être d'augmenter le nombre des interdits. Mais sans viser à ces sommets intellectuels que nous reconnaissons volontiers inaccessibles, arrêtons-nous au perron de la Bourse où le génie, je pense, ne fait pas défaut, et où l'art d'écrire ne manque pas, non plus que l'art de calculer ; voilà, certes, des hommes qui ont tous droit de voter, et ils sont rangés d'emblée parmi vos gens capables. Croit-on cependant que leur sens politique soit assez dégagé des influences de l'intérêt personnel pour voir toujours bien clair dans les affaires d'honneur national ; qu'ils aient en tout point ce discernement délicat des choses grandes et justes qui est comme une émanation de l'âme entière du peuple ? Eux-mêmes, si on les interrogeait, répondraient qu'ils se sont trompés souvent et qu'ils n'ont pas toujours prévu ce qui est arrivé. La raison en est simple : ils ne plongent pas comme l'homme des champs dans les entrailles du pays ; ils n'en connaissent ni les souffrances ni les besoins ; ils vivent dans une atmosphère qui atrophie le cœur et fatigue la vue autant que l'ouïe. Leur contrepoids est nécessaire dans le mécanisme des institutions électives, mais plus nécessaire encore est cette âme de la nation dont nous parlions tout à l'heure, et qui ne peut se manifester dans toute sa grandeur, dans toute sa sagesse que si aucune voix n'est écartée du concert. Prétendre faire des catégories dans le suffrage universel, c'est le fausser, c'est l'anéantir ; vouloir propager l'instruction en imposant à l'électeur l'obligation d'écrire, c'est subordonner le contingent au nécessaire, c'est bannir du scrutin des classes entières d'hommes intelligents et honnêtes, c'est ramener le suffrage restreint. Cette obligation même serait attentatoire à la liberté des élections, en ce qu'elle soumettrait l'acte du vote à un contrôle ; repousser enfin le bulletin imprimé serait priver l'électeur et l'éligible du moyen le plus sûr d'information, et le scrutin de toute sincérité, de toute certitude. Où s'arrêterait-on dans cette voie, s'il arrivait qu'on la suivît ? Ne devrait-on pas obliger aussi les candidats à écrire eux-mêmes leurs circulaires, et ne devrait-on pas les faire entrer en loges comme les élèves des écoles admis aux grands concours ? Le bulletin imprimé n'a pas un caractère exclusif comme le bulletin écrit ; il appartient à tous d'en faire usage et n'est point un

privilége aux mains des candidats du gouvernement, comme le serait le bulletin écrit aux mains des scribes. On ne peut donc élever
contre lui aucune objection sérieuse, et prétendre qu'il est un instrument d'influence pour les uns, c'est reconnaître en même temps son
efficacité pour les autres. Les forces se valent et s'équilibrent.

Nous comprenons que le suffrage universel soit un embarras pour
les partis qui n'ont point un crédit suffisant pour le faire tourner à
leur avantage; mais il n'est pas aussi facile qu'ils le croient de le
restreindre ou de le supprimer, et eux-mêmes, s'ils parvenaient au
pouvoir, croient-ils bonnement qu'ils pourraient le reprendre? Ils
seraient bien obligés de vivre avec lui. Mieux vaudrait donc pour eux
l'accepter franchement plutôt que d'essayer d'en amoindrir les bases,
d'en chicaner dans ses détails le libre exercice et d'en mettre en sus-
picion les résultats. Une des objections qu'on retrouve le plus souvent sous la plume des parlementaires contre le suffrage universel,
c'est qu'il est, plus que le suffrage restreint, soumis à l'influence de
l'administration. Cette objection a été tant de fois réduite à néant
que nous aurions honte d'y revenir s'il ne fallait répéter une vérité cent fois pour la faire admettre. Ce n'est pas à ceux qui ont vu
fonctionner naguère le suffrage restreint qu'on persuadera jamais
qu'il était moins maniable que l'autre. Nous n'avons pas oublié cette
longue histoire de corruption électorale qui a duré dix-huit ans, et
qui eut finalement pour effet de produire une chambre en complet
désaccord avec les sentiments, les vœux et les intérêts du pays. Nous
nous souvenons encore combien était « étroit le chemin » par lequel
on devait passer, plus étroit cent fois qu'aujourd'hui, plus « semé de
dégoûts et de périls. » Le cerbère ministériel qui se tenait à la porte,
armé de faveurs et de destitutions, ne laissait passer qu'à bon es-
cient, et sa voix était d'autant mieux entendue qu'il y avait moins de
coups de dents à donner et une plus large surface à mordre. L'élément administratif, qui n'est plus qu'un atome dans les 10 millions
d'électeurs du suffrage universel, était prépondérant parmi les
241,000 électeurs censitaires. Les promesses de faveurs particu-
lières, qui seraient sans effet ou d'un effet dangereux sur des masses
de 35,000 votants, s'exerçaient avec une efficacité inouïe sur des
groupes de 200 à 500 personnes. Il faut aujourd'hui des faveurs gé-
nérales, c'est-à-dire des bienfaits répandus sur le pays, pour agir
sur l'opinion d'un si grand nombre, et loin d'y chercher un instrument de corruption, il faut y voir un aiguillon pour l'autorité, qui la
pousse et l'oblige à bien faire. Serait-il possible de concevoir le gouvernement froissant les intérêts, blessant les sentiments de la nation,
et obtenant d'elle cependant l'élection aveugle des candidats qu'il
patronne? Ne serait-ce pas le comble de l'absurdité que de l'affir-

mer? Il y a des subtilités de langage qui trompent même ceux qui s'en servent ; ils reculeraient devant leur pensée si elle leur apparaissait dépouillée de ses vêtements, c'est-à-dire de ses charmes ; mais ils l'habillent avec grâce, lui donnent un air décent et la lancent dans le monde : il est rare qu'elle n'y fasse pas son chemin. C'est ainsi qu'on a mis en circulation cette énormité : « Le suffrage universel est dans la main de l'administration. » Oui, comme les vents du ciel sont dans la main du marin ; et jamais comparaison n'aura été plus juste : le marin se rend maître des vents et emploie leur force à son service, mais à une condition, c'est qu'il saura gouverner. Le jour où le chef de l'Etat perdrait cet art précieux et mettrait sa politique hors des voies nationales, on peut en être sûr, il en serait bientôt averti, et toutes les forces de l'administration ne suffiraient pas à imposer au suffrage universel, si peu éclairé qu'on le suppose, une volonté qui ne serait plus en contact avec la sienne.

III

Aux réserves que font les parlementaires quand ils parlent du suffrage universel, aux restrictions dont ils voudraient l'environner, au mépris qu'ils laissent percer pour « les masses inintelligentes, » il est aisé de voir qu'ils croient en l'infaillibilité du peuple beaucoup moins qu'en la leur, et que les leçons du passé ne leur ont rien appris. La démocratie leur est suspecte sinon odieuse, et la liberté dont ils se montrent très friands pour eux-mêmes, ne leur agrée nullement chez autrui. Ils sont, quelques-uns, « les éclairés, » les meilleurs (ἄριστοι), qui ont un droit primordial à gouverner les hommes, et, pleins de cette pensée, ils entendent bien, si Dieu leur prête force, tailler, couper, rogner dans la liberté, tout ce qui leur paraîtrait nuisible ou superflu. Ce qui est nuisible dès maintenant, c'est l'homme des champs ; l'ouvrier des villes le deviendra plus tard, mais il ne l'est pas encore, parce qu'il y a en lui un levain révolutionnaire qui le porte parfois à l'opposition, et sous un régime comme celui-ci, toutes les oppositions sont bonnes, même celle qu'on a le plus redoutée naguère et qu'on craindrait le plus le lendemain.

Mais les parlementaires ne sont pas seuls à se défier du peuple ; il y a toute une école de démocrates qui ne serait pas beaucoup plus éloignée qu'eux d'exclure le paysan du scrutin. Elle n'oserait l'avouer en face de la nation, mais elle le laisse aisément deviner à la façon dont elle regimbe contre tout ce qui tend à assurer aux votes de la campagne leur pleine indépendance, et à les soustraire aux influences des comités de la capitale. Cette école, qui a été un moment au pouvoir et qui n'a ménagé alors ni la menace, ni les promesses, ni même l'argent pour corrompre la masse électorale, ne tolère pas la moindre intervention du gouvernement dans les élections, et blâme à peu près tout ce qui est propre à en faciliter l'accomplissement normal et la sincérité. Il se trouve enfin un homme qui est à lui seul une école, qui marche isolé de la foule et parfois contre son courant. Terreur de cette prétendue démocratie qui s'intitulait naguère la « république honnête et modérée, » M. Proudhon ne veut pas qu'on touche au suffrage universel ni qu'en aucun point on amoindrisse son étendue et son ressort. Il l'admet tout entier, sans restrictions, sans réserves ; mais comme il a aussi son but — plus noble, plus élevé à coup sûr, sinon moins funeste que celui où visent quelques ambitieux — il ne concède à personne le droit d'exercer une influence directe sur le corps électoral ni de le guider dans ses choix. Nous verrons plus loin jusqu'à quel point M. Proudhon est conséquent avec lui-même et jusqu'où il pousse son amour de l'anarchie. En ce moment, nous voulons le suivre dans celles de ses objections à l'exercice actuel du suffrage universel, où il se trouve d'accord avec les parlementaires et les républicains modérés.

M. Proudhon veut qu'on s'abstienne, et que par là on donne une leçon au gouvernement. Assurément, le motif est louable, et le gouvernement de l'Empereur se conduit si mal, qu'il a besoin, comme celui du roi Louis-Philippe, qu'on le ramène à l'école des révolutions. Les parlementaires ne peuvent que lui savoir un gré infini de ses bonnes intentions. Aussi, comme ils s'entendent bien avec lui sur ce premier point : « Le suffrage universel doit être soustrait à l'influence dirigeante du gouvernement. » C'est la suppression des candidatures patronnées que l'on demande, c'est l'inaction complète de l'Etat dans une affaire qui le touche de si près ; tranchons le mot, c'est l'abdication du gouvernement. Eh bien, nous n'hésitons pas à le dire, le gouvernement manquerait à son premier devoir, à la plus impérieuse de ses obligations, il ne serait plus un gouvernement s'il assistait en spectateur indifférent au travail des comices ; il serait une machine inutile, un rouage superflu, et le mot devrait disparaître en même temps que la chose. C'est là que tend M. Proudhon, un Etat sans Pouvoir, l'*An-archie*.

On comprend qu'à la rigueur un utopiste, un homme épris d'un système et tout entier voué au culte de son idée, puisse caresser une pareille chimère; mais que des hommes sensés, des esprits «éclairés» et touchant par quelque bout à la pratique des choses politiques, ne fût-ce que par l'histoire, des hommes qui aspirent à gouverner leurs semblables, puissent prêter le crédit de leur bon sens à des rêves de cette espèce, et leur fournir, bien innocemment sans doute, des moyens d'exécution, voilà ce que nous aurions peine à nous figurer si nous ne savions combien l'esprit de parti est aveugle et tout ce qu'une première erreur peut entraîner d'erreurs après elle. Il est permis, en discutant avec eux, d'invoquer pourtant le témoignage du passé, puisque leur avenir n'en diffère pas essentiellement comme celui que rêve M. Proudhon. A quelle époque et dans quel pays a-t-on jamais vu un gouvernement abandonner aux excitations des meneurs et aux passions des exaltés le soin exclusif de diriger les élections ? Sans remonter à l'histoire romaine, dont l'enseignement n'est pas à dédaigner, et pour nous en tenir à notre pays et à notre siècle, le gouvernement de la Restauration, auquel on ne refusera pas l'honnêteté ; celui de Louis-Philippe, dont l'habileté et le libéralisme ne sauraient être contestés ; celui de la République de 1848, sous le gouvernement provisoire et sous la dictature du général Cavaignac, ont-ils jamais négligé de patronner des candidats et d'employer toute leur influence à les faire triompher ? Telle est la force des choses, telle est la nécessité, tels sont le droit et le devoir. La nation trahie pourrait demander compte de l'abandon où le gouvernement la laisserait dans ces jours critiques du scrutin. Ce n'est pas pour se croiser les bras qu'ils ont été institués, ces gouvernements que l'on somme de s'abstenir, et s'ils ont reçu le mandat de conduire le pays à ses heureuses destinées, ce n'est pas, apparemment, pour les livrer aux hasards et en faire litière aux ambitieux de tous les partis. Il est donc légitime qu'ils aient leurs candidats, il est obligatoire, pour eux, qu'il en soit ainsi, et il leur incombe, dans la mesure des lois, de les faire réussir.

Il y a toutefois cette différence entre le gouvernement impérial et ceux qui l'ont précédé, que ceux-ci n'avouaient pas leurs candidats au grand jour ; ils les présentaient aux suffrages sournoisement, à la dérobée, comme s'il se fût agi d'un commerce interlope, et c'en était un en effet, puisque la loi n'autorisait pas cette présentation. Dès lors, tous les actes de l'administration qui tendaient à exercer un patronage sur le candidat, une influence sur l'électeur, étaient réputés manœuvres et qualifiés abus. En réalité, les influences et le patronage s'exerçaient sans entraves et sans limites là où ils le pouvaient utilement et sans compromettre le succès. Combien n'est-il pas plus loyal, combien n'est-il pas plus conforme à la bonne foi, aux exigences de la conscience publique, à l'intérêt du pays, plus favorable même à la liberté électorale de procéder à ciel ouvert, sans ambages, sans surprise comme sans faiblesse, et de proclamer hautement les noms des hommes qui ont la confiance du prince ? Le choix alors n'est plus douteux. Quand on dit que les candidats ainsi patronnés ouvertement ont un crédit qui rend vaines toutes les tentatives de l'opposition, que le gouvernement est trop fort pour que l'on puisse lutter avec lui, on rend involontairement hommage à ce dernier, et l'on fait à l'opposition le plus mauvais compliment. Pourquoi le gouvernement est-il fort, pourquoi l'opposition impuissante ? C'est que probablement l'un est d'accord avec la nation et l'autre en dissentiment. Si le gouvernement était impopulaire, il communiquerait son impopularité à ses candidats ; cela s'est vu sous les gouvernements antérieurs. Plein de prestige, il leur donne une vertu qu'ils n'auraient peut-être pas par eux-mêmes : c'est une voix écoutée qui se fait entendre ; si elle détermine le vote, c'est qu'on a confiance en elle, car le scrutin est secret, et chacun peut glisser dans l'urne le nom qui lui convient ; nul n'est tenu de l'écrire devant témoins ; les bulletins imprimés ne manquent pas, pour toutes les couleurs et tous les candidats. Si un magistrat apporte des entraves à cette liberté, poursuivez-le ; la loi est sévère, et les tribunaux sont armés jusqu'aux dents pour le condamner. On ne peut donc élever aucune objection sérieuse contre les candidatures officielles ; avec un peu de réflexion, on pourrait même y voir une garantie féconde de bonne administration et de bon gouvernement. Pour que son patronage ne soit pas compromettant, il faut que lui-même ne se compromette jamais devant les électeurs, qui sont la nation tout entière. Il en découle entre le prince et le peuple une solidarité d'intérêts qui n'a pas été assez remarquée, et qui fait virtuellement dépendre la force du gouvernement de son intelligence et de sa sagesse.

En vain a-t-on dit que le chef de l'Etat, grand élu, seul gouvernant et responsable, disposant de tous les moyens d'action et d'influence, serait en même temps — dans ce système — grand électeur. Le chef de l'Etat comme gouvernant propose aux suffrages de la nation les hommes qui lui semblent le mieux faits pour l'aider à accomplir son œuvre ; responsable, il encourt le blâme ou l'éloge suivant que ses choix sont ratifiés ou infirmés ; s'il se trompe ou s'il n'a plus la confiance du peuple, celui-ci le lui dit clairement en refusant ses suffrages aux candidats officiels, et c'est alors au prince de changer sa politique et de regagner cette confiance qu'il a compromise. On ne comprendrait pas qu'il pût s'obstiner un jour de plus dans une voie où toutes les forces morales et bientôt les forces matérielles, qui ne sont rien sans les autres, lui feraient défaut ; il est impossible de concevoir le chef de l'Etat en contradiction manifeste avec la nation, lorsque celle-ci possède tous les moyens légaux de briser sa volonté. Voilà pourquoi le peuple en France, sous l'empire de la constitution de 1852, est véritablement souverain, voilà pourquoi le prince s'identifie si profondément avec la nation. Il n'a jamais existé de gouvernement plus rationnel et où le peuple prît une part si large et si effective. On s'étonne qu'un esprit aussi clairvoyant que M. Proudhon s'y soit mépris un instant, et qu'une intelligence, ordinairement si roide, ait pu faillir au point de trouver contradictoire l'état d'élu avec une fonction dirigeante qui en est la conséquence nécessaire. Il a fallu que l'habile sophiste forçât le sens des mots et imaginât une chose qui non-seulement n'existe pas, mais ne saurait exister, l'inféodation de tout un peuple dans la pensée arbitraire d'un seul homme. Au surplus, M. Proudhon, qui reproche si amèrement aux autres leurs contradictions, se met ici en contradiction avec lui-même. Si, comme il le prétend, la Constitution est sur tous les points modifiable,— ce qui n'est pas exact — (la Constitution est perfectible, ce qui ne veut pas dire qu'on la puisse effacer); si, comme il l'affirme à tort, la personne du prince est essentiellement distincte de la Constitution et en dehors d'elle ; si le suffrage universel est la seule base du droit public des Français, d'où vient qu'il attribue à cet élément fondamental si peu de force et aux éléments transitoires tant de crédit? Que fait-il lui-même lorsqu'il convie les électeurs à l'abstention, sinon affirmer ce pouvoir qu'il conteste et mettre en doute cette influence de l'autorité qu'il prétend toute puissante? Nier d'une part, affirmer de l'autre, ainsi fait l'écrivain renommé pour son esprit logique. Nous avons peine à le reconnaître dans une si faible argumentation ; et que les hommes de l'opposition qu'il combat seraient bien venus à lui renvoyer cette accusation d'étourderie sous laquelle il les accable !

IV

On n'attend pas de nous que nous suivions les partis dans toutes les critiques de détail qu'ils adressent à l'administration sur la manière dont elle intervient dans les élections. Nous avons des lois claires et précises sur tout ce qui touche à cette matière ; si on les viole, les tribunaux sont là, et nous sommes heureux de voir que M. Prévost Paradol les estime, comme nous, suffisamment armés pour punir la fraude. C'est à des critiques d'un ordre plus élevé que nous répondons, dans une discussion plus approfondie que nous nous permettons d'intervenir.

M. Proudhon déduit sept motifs d'abstention. On sait déjà qu'abstention, pour lui, veut dire manifestation. Ses motifs ne sont pas puisés, comme il semblerait naturel, dans un blâme de la politique du gouvernement : cette politique n'est point examinée dans le livre

de M. Proudhon ; ils sont pris dans une prétendue contradiction que
les lois et la Constitution elle-même impliqueraient avec le suffrage
universel. En élevant ainsi le débat à la hauteur de la théorie, et,
comme il le dit lui-même, de la philosophie politique, M. Proudhon
nous permet de négliger toutes les petites arguties dont on a cou-
tume d'embarrasser la discussion, et nous convie à raisonner seulement sur les principes. Des sept motifs légaux qui infirment, suivant
lui, le suffrage universel, nous nous sommes attaché à réfuter le premier, celui des candidatures officielles. Les six autres motifs ne résis-
tent pas mieux à l'examen, et quelques-uns se trouvent déjà et naturellement entamés par les arguments que nous avons fournis plus
haut. Il nous sera donc possible de marcher d'un pas plus rapide.

Pour qu'il y ait suffrage universel, il faut, nous dit-on, qu'il y ait
« faculté de se réunir et de discuter publiquement les actes du pouvoir ; » en d'autres termes, il faut des clubs comme en 1793, comme
en 1848. Nous ferons, avant tout, remarquer deux choses : c'est
qu'à ces deux époques, cette liberté n'a pas existé dans toute sa plénitude ; qu'il y a eu des clubs fermés violemment, tantôt par des
bandes qui s'arrogeaient ce droit, tantôt par la force armée, et que
cependant les gouvernements qui les avaient tolérés n'ont pu vivre
et n'ont pas tardé à succomber, entraînés par le flot qu'ils avaient
déchaîné. Mais l'histoire ici ne compte pas ; il s'agit de principes :
la discussion sans limites, la liberté pleine et entière de se réunir,
voilà le principe posé. M. Proudhon, qui n'a d'autre but que de
rendre impossible tout gouvernement, et qui croit que son mécanisme social, une fois remonté, pourrait parfaitement s'en passer,
est ici conséquent avec lui-même. Néanmoins, nous lui ferons observer que si aucun gouvernement n'a pu et ne saurait subsister
côte à côte avec une liberté si despotique, son mécanisme ne saurait
davantage résister aux caprices et aux volontés non réglées de la
multitude. Le premier audacieux qui agirait sur les passions suffirait
à le briser. Il n'y a que M. Proudhon qui ne soit pas convaincu de
cette vérité, et nous ne nous soucions pas de la lui faire admettre ; la
démonstration nous coûterait trop cher.

Les auteurs d'un certain *Manuel électoral*, auquel M. Proudhon
paraît avoir eu surtout la préoccupation de répondre, ne vont pas
si loin ; ils savent bien que le terrain leur ferait défaut ; ils bornent
leurs vœux à souhaiter qu'on leur permette de « discuter publiquement les candidatures. » Nous savons que pareille chose se fait en
Angleterre ; mais sans nous laisser entraîner à renouveler cette éter-
nelle comparaison de la France avec l'Angleterre, ne nous sera-t-il
pas permis de demander si les auteurs du *Manuel* accepteraient sans
réserve les conditions qui sont faites là-bas aux libertés électorales :

suffrage restreint, aristocratie terrienne toute-puissante, le pauvre compté pour rien, la valeur politique des candidats mesurée presque toujours à la grosseur de leur bourse, frais énormes à la charge des candidats et qui éloignent du scrutin tous les avocats sans causes, tous les beaux parleurs sans ressources, tous les ouvriers hommes d'Etat, tous les diplomates d'estaminet. Donc le précédent ne pourrait être invoqué, puisqu'il faudrait en changer les conditions pour le rendre acceptable. En France, le droit de discussion a existé; qu'a-t-il produit? des assemblées qui, par le fait, se sont trouvées en désaccord avec les sentiments de la nation. Il faut bien qu'un germe d'erreur s'y soit mêlé. Ce germe d'erreur, nous croyons le découvrir dans l'influence qu'exercent chez nous les rhéteurs, les gens peu pratiques qui promettent beaucoup, les grands diseurs de riens, dont rien n'étonne l'audace, et à la fois dans l'éloignement qu'ont les honnêtes gens pour tout ce qui les met trop en évidence, dans la réserve où se tient le mérite modeste et sérieux. Peuple d'assaut, la témérité nous plaît; nous aimons qu'on nous enlève, et c'est bataille gagnée pour ceux qui ont de bons poumons et une belle faconde. Les timides, les réfléchis, les taciturnes, qui ne sont pas toujours les moins bons citoyens ni les moins capables, ne jetant point d'éclat, croupissent dans leur obscurité, où rarement l'œil de la foule saura les découvrir. Excellents dans le conseil, précieux dans les discussions d'affaires, appliqués, instruits, ils constituent le fond solide de l'esprit public, et portent en eux des lumières qui ne sont pas moins vives pour n'être pas prodiguées. Quand l'ambition les saisit, on les voit paraître au premier rang, sinon il faudra les prendre par la main pour les amener au suffrage. Par cette raison seule, les candidatures du gouvernement seraient justifiées, la discussion orale des candidats condamnée. Moins grandes seront les chances des meneurs et des ambitieux, plus grandes celles des hommes de bien et de valeur; moins l'agitation se produira autour du scrutin, plus le vote sera calme, libre et sincère. Nous ne voulons pas que le despotisme vienne d'en haut, nous ne voulons pas qu'il vienne d'en bas; nous répudions ces virtuoses dont les moindres prétentions sont d'être toujours applaudis; nous préférons un ensemble harmonieux où, sans déchirements, nos forces se retrempent. Ce n'est pas la médiocrité que nous saluons, c'est elle, au contraire, que nous voudrions bannir.

Nous n'avons pas signalé tous les dangers des réunions publiques, nous avons montré ceux qui ont une action directe sur la composition du corps électif; et maintenant nous demanderons en quoi l'interdiction de se réunir est contradictoire avec le suffrage universel. L'exercice du droit de vote n'implique nullement le droit de discussion publique, et le fameux logicien ne s'aperçoit pas qu'il fait une faute de raisonnement quand il fait dépendre du droit de réunion un droit qui lui est supérieur, le droit de voter. Si donc le droit de réunion et de discussion publique n'a pas pour effet d'éclairer les électeurs sur le mérite des candidats ; si au contraire, abandonnée à elle-même, cette discussion n'a d'autre résultat, et souvent d'autre but, que de les tromper sur leur valeur véritable, sur leurs vrais sentiments, sur leurs aptitudes, mieux vaut cent fois s'en passer, dans l'intérêt de tous, et dans l'intérêt surtout de la liberté et de la souveraineté du peuple. Mais comment le suffrage universel, qui est *délibératif*, dira M. Proudhon, pourra-t-il, sans réunion et sans discussion, délibérer ? Cette délibération a lieu tout naturellement. Les hommes ne vivent pas tellement isolés qu'ils ne se voient souvent et ne se concertent quelquefois ; il n'est pas absolument nécessaire, pour qu'une délibération soit bonne, qu'elle ait lieu avec apparat, avec banquettes, tribunes et fauteuil de président. Qu'elle se fasse entre quelques-uns ou qu'elle ait lieu entre cinq cents, il n'est pas démontré que la première sera moins bonne que la seconde ; le nombre ne fait rien à l'affaire, ou bien il faudrait dire que les réunions partielles sont insuffisantes et que le suffrage universel ne sera libre que si les 35,000 électeurs d'une circonscription se sont réunis pour délibérer ensemble. M. Proudhon lui-même ne va pas jusque-là, et de sa réserve nous concluerons que les délibérations des électeurs n'ont nullement besoin d'être prises en commun pour donner un vote sincère, ni de devenir une occasion de troubles dans l'Etat pour assurer la liberté du scrutin.

Mais ces moyens d'information manquent-ils autant qu'on veut bien le dire ? cette discussion des candidats fait-elle si absolument défaut qu'on voudrait le faire croire ? Le candidat est presque toujours du pays, ou bien c'est un homme d'une notoriété incontestable, d'un nom et d'un caractère bien connus. Dès lors, pourquoi le discuter en public avec appareil et solennité, pourquoi surtout lui demander compte de ses sentiments, de ses doctrines ? Prenons garde, nous en reviendrions bientôt aux mandats impératifs, c'est-à-dire au système le plus attentatoire à la dignité de l'homme, le plus incompatible avec son indépendance. Que si les communications si fréquentes des électeurs entre eux, surtout à l'approche du scrutin, paraissent insuffisantes, il y a les circulaires, les professions de foi où le candidat dit ce qu'il est, sans qu'on puisse insidieusement le contraindre à dire ce qu'il n'est pas ; il y a la presse, qui ne se fait pas faute de parler beaucoup et de recommander vivement son monde pendant les vingt jours qui précèdent la réunion légale des comices. Les professions de foi et circulaires ont toute franchise ; elles n'opèrent qu'un médiocre prélèvement sur la bourse du candidat. La distribution en est faite par les agents de l'administration, par la poste, qui distribue, comme le soleil luit, pour tout le monde. Les formalités dont on l'environne sont prises dans l'intérêt du candidat et sont presque toutes une garantie de sincérité. De ce côté, il y a bien eu parfois des observations de détail, mais on est arrivé à reconnaître que si le zèle des subalternes n'était pas toujours l'expression exacte de la loi, il ne pouvait jamais aller jusqu'à métamorphoser des minorités imperceptibles en majorités considérables.

Reste la presse. Elle n'est pas libre, nous savons cela. On nous l'a tant de fois répété, que nous commencerions à le croire, si la manière dont on le dit souvent ne nous forçait à en douter. La presse n'est pas libre, dit-on, parce que tout le monde n'a pas le droit de publier des journaux et qu'il faut pour cela une autorisation préalable ; parce que les délits de presse ne sont pas soumis au jury ; parce que l'administration s'est réservé des armes qui en paralysent l'essor, parce que les journaux sont aux mains des banquiers et constituent des entreprises fort lucratives. On a bien les brochures et les livres, mais ce sont des instruments d'un maniement difficile, et le colportage, d'ailleurs, n'en est pas autorisé sans réserves ; les lois de la République, qui sont demeurées sur ce point celles de l'Empire, ne permettent pas au premier venu de glisser sournoisement dans l'atelier et dans la chaumière ces petits écrits qui préparaient naguère de si belles émeutes et causaient de si aimables convulsions dans l'Etat. Cela est regrettable pour ceux qui aiment le bruit et à qui les déchirements de la patrie sont un moyen de parvenir, mais nous ne croyons pas que la France en conçoive beaucoup d'amertume.

Pour les journaux, nous accordons qu'ils n'ont plus toutes les latitudes dont ils ont joui naguère, et surtout on les a privés du droit de subir jusqu'à cent huit procès, comme la *Tribune*, et de succomber sous le poids des amendes, comme le *National*. Les journalistes de nos jours connaissent à peine la prison, qui était si familière aux journalistes d'autrefois, et on ne les y laisse jamais assez longtemps pour qu'ils puissent calculer combien de jours leurs prédécesseurs y ont passé. Quand, par hasard, ils en prennent la route, on les avertit courtoisement en chemin, donnant ainsi l'éveil au public sur les choses qu'il faut lire et préparant aux écrivains une renommée que leur talent ne justifie pas toujours ; heureux martyrs qui recueillent des palmes sans les avoir conquises dans les tortures ! Quelquefois, il est vrai, on leur enlève pour un temps des mains l'instrument qui pourrait les blesser, comme ces enfants à qui l'on interdit les armes à feu jusqu'à ce qu'ils sachent s'en servir ; on va même jusqu'à aider les journaux agonisants à mourir, leur préparant de brillantes funérailles et des oraisons funèbres quand ils n'auraient eu qu'une mort obscure et le silence autour de leur tombe. En réalité, jamais régime plus bénin ne fut en vigueur, jamais plus inoffensive législation n'imposa des limites à la libre discussion, à l'exposition des idées et des opinions.

Eh! précisément, c'est ce qui nous fâche. On nous traite en enfants, et nous sommes des hommes. Que dis-je, des hommes ! des soldats, des prêtres, des prophètes. Il nous faut le combat, la persécution, les populations attentives pour écouter nos oracles. Il nous faut l'arène du jury, où devant des hommes peu préparés aux subtilités du langage et peu aptes à saisir le sens caché des mots, nous ferons briller la parole de nos avocats et prendrons le monde entier à témoin de notre innocence et de notre audace. Dans la liberté de la défense, nous ferons comprendre tout ce que nous n'avons pas osé dire, et portant la sape aux bases de l'autorité, nous ébranlerons de nouveau l'édifice des institutions que nous n'avons point consenties. Alors la minorité reprendra son crédit et sa force, les partis relèveront la tête, l'émeute grondera à la porte du prétoire et sous la menace de la rue, la justice rendra de libres jugements, le Corps législatif fera de libres lois, le suffrage universel émettra de libres votes.

L'autorisation préalable nous est surtout pénible; elle nous est impitoyablement refusée quand nous laissons soupçonner nos arrière-pensées, quand par nos actes, par nos écrits, par nos discours, nous avons pu donner à croire que nous voulions moins éclairer le gouvernement que le détruire, critiquer ses actes que les livrer au mépris, concourir au développement des institutions qu'à leur renversement, quand nous n'acceptons le suffrage universel qu'avec des restrictions, ou le pouvoir qui en est sorti qu'avec des réserves; quand nous n'avons d'autre but, en prenant l'instrument, que de nous en faire une arme et de nous en servir au profit de nos intérêts, de nos passions et de nos secrets désirs, et que ces désirs, ces passions et ces intérêts sont en opposition manifeste avec les vœux de la nation, deux fois exprimés ; lorsqu'enfin nous faisons bien comprendre, par nos regrets et par nos espérances, qu'il ne nous en coûterait nullement de ramener la France à un régime « d'abaissement continu » ou à une époque de misère et d'anarchie. Le gouvernement pousse alors la tyrannie jusqu'à ne point donner des armes à ses ennemis, aux ennemis de la France et de son repos, aux ennemis de sa constitution et de sa dynastie. Jamais on n'a vu un pareil despotisme.

Depuis 1789, toutes les constitutions, excepté celles de 1799 et de 1852, ont reconnu aux citoyens la faculté de publier leurs opinions : « Voilà pour le principe, » dit M. Proudhon. Mais ces constitutions se hâtaient d'ajouter que cette publication ne pourrait avoir lieu qu'en se conformant aux lois. Commençons par établir que s'il s'agit d'un droit naturel, d'un droit de l'homme, comme on dit, il était parfaitement inutile de l'énoncer dans les constitutions, tout autant que de reconnaître aux Français, comme dans la constitution de 1848, « le droit d'aller et de venir. » Si c'est un droit absolu, imprescriptible, il suffit d'en régler l'exercice. Les constituants n'y ont point failli. Mais ces règlements étaient faits de telle manière, qu'en exposant ses opinions, on courait chance de la vie sous la Terreur, de la liberté et de la ruine sous les chartes de 1815 et de 1830. Qu'est-ce donc que reconnaître un droit que l'on rend si difficile à exercer, sinon tomber dans l'espèce la plus détestable d'hypocrisie, l'hypocrisie légale ? La discussion peut donc sérieusement porter que sur la réglementation de la presse, et s'il est vrai que les lois, comme les arbres, se jugent par leurs fruits, nous serons bien obligés de reconnaître qu'elles n'étaient bonnes ni sous la première république ni sous la seconde, ni sous la monarchie de 1815, ni sous la monarchie de Juillet, car elles n'ont produit que des fruits de qualité médiocre (pour ne pas répéter les grosses épithètes que M. Proudhon leur inflige), des effets déplorables qui nous ont amenés, tous autant que nous sommes, à maudire la presse au moins un jour : les légitimistes, le 29 juillet, les orléanistes, le 24 février, les socialistes, le 26 juin, les républicains, le 10 décembre, la France, à chaque soubresaut qu'on lui imprimait. M. Proudhon n'a point de pitié pour « cette presse indigne, honte de la nation et fléau de l'esprit humain, » et il n'aurait point versé de larmes sur sa tombe si « elle avait été simplement et d'un seul coup supprimée. » Mais on a de nouveau tenté de la discipliner, et voilà le malheur, c'est qu'on n'y a pas réussi. Il trouve même que la presse est devenue pire que sous la république de Février et la monarchie de Juillet. C'est là une appréciation personnelle ; on peut différer d'avis sur cette question délicate ; mais ce qu'on ne saurait nier, c'est que la polémique a pris des formes plus courtoises, le mensonge des allures plus discrètes, la discussion un ton moins provoquant et moins aigre. Il a fallu plus d'esprit pour faire entendre les mêmes choses, c'est déjà un progrès ; il y en a un autre : le nombre des procès a prodigieusement diminué et celui des condamnations s'est presque réduit à néant ; les avertissements n'ont pas fait grand mal à personne, ils ont profité à quelques-uns, et quant aux journaux défunts, quelle grâce ne leur a-t-on pas faite en les aidant à mourir décemment ? Nous nous rappelons le temps où l'on ne prenait pas si grand souci d'eux ; on les tuait sans les avertir, et il était même défendu de leur faire des obsèques : c'était sous la république de 1848. Si tels ont été les résultats de la législation de 1852, il faut admettre de deux choses l'une, ou bien que la loi du 17 février est meilleure que celles qui l'ont précédée sur la même matière, ou bien que la sagesse des journalistes est plus -grande ; à moins encore que l'on ne veuille prétendre que la liberté d'écrire est aujourd'hui plus réelle et moins réprimée qu'autrefois.

M. Proudhon croit que la liberté absolue ferait bien mieux les affaires de la vérité, et que la presse sans discipline apporterait des informations plus sûres à la masse électorale. Il se trompe et montre peu de mémoire. Un moment, mais un moment seulement, du 24 février au 23 juin 1848, la presse put jouir dans sa plénitude de la liberté qu'il réclame aujourd'hui pour elle. Il nous suffirait de rappeler que jamais, plus qu'à cette époque, les journaux n'empilèrent les mensonges et l'outrage ; jamais le public ne fut plus trompé, plus mal informé, jamais le faux ne fut plaidé avec plus d'impudeur et imposé avec plus d'audace. M. Proudhon peut prétendre, sans doute, que ce qui est le faux pour nous est pour lui le vrai ; mais alors, nous lui demanderons comment il se fait qu'avec tous les moyens d'information pour faire pénétrer sa vérité dans la masse électorale, il n'ait obtenu du suffrage universel qu'un vote de défiance, une majorité hostile à ses idées. Il y a là quelque chose de contradictoire qui nous offusque et qui nous engage à repousser, jusqu'à plus ample informé, le moyen radical que l'auteur propose, et à garder la législation actuelle, supérieure aux autres, jusqu'à ce qu'il nous en ait fait connaître une meilleure.

Enfin, la presse est inféodée aux banquiers, aux compagnies industrielles ; elle est elle-même un objet de spéculation, un commerce où les capitaux s'aventurent pour réaliser des bénéfices. Nous nous plaisons à croire qu'il y a là une forte exagération ; mais quel remède y apporter, sinon de restreindre encore les immunités de la presse ? La liberté absolue n'y ferait rien, elle n'y a rien fait dans le passé. N'a-t-on pas vu, en 1848, au jour des plus grandes franchises, des journaux se fonder sans conviction, dans le seul but de flatter les instincts de la foule et de spéculer sur les passions ? Et les journaux, à cette époque, se faisaient-ils faute de rendre les bons offices de leur silence ou de leurs réclames aux administrations dont ils recevaient des faveurs ? Le remède de M. Proudhon n'est pas même un palliatif ; nous n'en verrions un efficace, et pour un côté seulement de la question, que dans l'interdiction de publier des annonces. Nous ne le proposons pas, nous le signalons seulement, pour montrer que le chemin où s'engage M. Proudhon ne saurait aboutir qu'à un nouvel amoindrissement de la liberté. En quoi d'ailleurs ce caractère de spéculation qu'il prête à la presse pourrait-il influer d'une manière appréciable sur les délibérations du suffrage universel ? Il faudrait attribuer aux journaux plus de crédit qu'ils n'en avaient en 1848 ; peut-être en ont-ils, en effet, davantage, et ils le doivent à leur meilleure tenue, aux soins plus soutenus qu'ils apportent à leur rédaction et à leur propension plus grande, volontaire ou forcée, en faveur de la vérité. Mais ils pénètrent moins profondément dans les couches inférieures de la nation, et n'y peuvent avoir par conséquent qu'une influence restreinte sur les majorités.

V

A en croire quelques écrivains et même quelques membres de la dernière Assemblée, le grand dommage, pour le suffrage universel, serait dans la formation arbitraire des circonscriptions électorales. On nous a fait une carte coloriée où les cases de cet échiquier décrivent, en effet, des dessins peu réguliers. Ceux qui s'en plaignent n'ont donc jamais vu les contours enchevêtrés des départements sur une carte de France ? Mais il y a autre chose qu'une surface plane ou bosselée, autre chose qu'un sol avec ses accidents de terrain : il y a des habitants, il y a par conséquent une topographie morale qui peut ne pas toujours cadrer avec le contour habituel des divisions administratives, et les esprits superficiels seuls peuvent n'en pas tenir compte. Mais, dit-on, le gouvernement, qui connaît l'esprit des populations, arrange les circonscriptions en conséquence, amalgame les opinions diverses et les corrige l'une par l'autre, de manière à étouffer toujours les minorités. On croit, en cela, faire peser sur le gouvernement la plus grave des accusations : on fait son éloge. Dans tous les pays et à toutes les époques où le suffrage universel a existé, les gouvernements se sont appliqués à sa correction ; ils en ont maintenu le droit et s'en sont imposé le devoir. C'est le gouvernement actuel de la France qui s'en est prévalu avec le plus de discrétion, parce qu'il lui est plus aisé qu'à tout autre de rencontrer, dans la parfaite homogénéité du pays, une manifestation sensible et vraie de ses sentiments.

A Rome, les centuries des classes supérieures donnaient seules la majorité. La plèbe de la ville n'était pas appelée à voter, les ouvriers rarement, les pauvres presque jamais. L'âge, la richesse, la naissance constituaient autant d'inégalités électorales que venaient encore aggraver l'ordre des centuries et leur nombre, qui diminuait à mesure qu'en s'abaissant dans les classes les moins riches elles comprenaient un plus grand nombre de citoyens. Les tribus rurales, formées des plus grandes familles, des meilleures de la nation, accomplissaient presque à elles seules l'œuvre électorale, et comme les magistrats avaient le droit de distribuer les citoyens dans les tribus

suivant les besoins du suffrage et même de les faire descendre d'une
classe dans une autre, il en résultait qu'en réalité le gouvernement
exerçait sur les élections une influence considérable et toute prépon-
dérante. Il faut étudier, dans le savant travail de M. Troplong sur
les Elections consulaires à Rome [1], le mécanisme compliqué, mais
souverainement ingénieux, des élections romaines, pour apprécier à
sa valeur la législation électorale de 1852, et comprendre tout ce
qu'elle a de simple, de libéral, de populaire, tout ce qu'elle assure
d'indépendance à l'électeur et de libre développement à l'initiative
individuelle. On chercherait en vain dans l'histoire un précédent à
de plus larges et plus complètes prérogatives du peuple. Et pourtant,
c'est grâce au système excessif de correction électorale qu'il a été
donné à Rome de ne pas succomber à l'anarchie dans ses débuts,
comme les républiques de la Grèce, et de dominer bientôt le monde.
Si en effet, ainsi que le dit Cicéron, le peuple n'est bon juge « que
lorsqu'il faut désigner l'homme à qui le salut public doit être confié
dans les circonstances solennelles, son choix n'a plus la même certitude quand il s'agit d'élire à des fonctions moins importantes, et il
est alors facilement le jouet des ambitieux et des rhéteurs. »

Il y a loin, on l'avouera, de l'influence exercée à Rome par les
remaniements des classes et des tribus, à celle que l'administration
en France maintient comme l'accomplissement d'un devoir en traçant
les circonscriptions électorales. A Rome on élaguait, ici tout le
monde conserve son droit. Là-bas, les majorités des centuries
n'étaient point celles des citoyens ; ici, les majorités des colléges le
sont toujours. Le vote par tête et par scrutin secret ne laisse aucun
doute à cet égard. On peut bien engager les citoyens à voter pour
telle personne ; on ne les contraindra jamais à voter pour la personne qu'ils sont décidés à repousser. Et dans quelle mesure s'exerce
le droit de remaniement que la loi a confié aux magistrats? Il ne
peut s'étendre au delà du département. Or, il y a 89 départements
en France ; c'est donc sur une surface relativement bien restreinte
du pays que ce remaniement s'opère : et suivant quelle règle? En
prenant dans les arrondissements voisins de quoi former des groupes
de 35,000 électeurs. Est-ce là « briser les groupes naturels, rompre,
dénaturer la pensée locale, neutraliser la portée du vote? » Les intérêts, les sentiments, les vœux sont-ils si différents à si faible dis-
tance? S'élève-t-il donc à la limite de chaque arrondissement une si
haute muraille de la Chine que les habitants de l'un ne puissent voir
par-dessus ce qui se passe dans l'autre? et si elle existait, ne fau-

---

[1] Voir la *Revue,* 1re série, t. XXVIII, p. 257 et 481 (livraisons des 31 octobre et 15 novem-
re 1856).

drait-il pas la détruire? C'est donc une plaisanterie de prétendre que la formation des circonscriptions entre arrondissements voisins d'un même département puisse porter atteinte à la sincérité du suffrage, et nous perdrions notre peine à vouloir combattre plus longtemps de telles billevesées. Nous irons plus loin, et nous dirons hardiment que si jamais un devoir impérieux s'est imposé à la conscience de l'administration, à son respect de l'indépendance électorale, ça été de veiller avec soin, dans la mesure restreinte, trop restreinte que la loi lui confère, à ce qu'il ne se forme pas dans la masse électorale des groupes exclusifs et violents, capables d'étouffer les minorités et de faire surgir des contingents législatifs peu conformes au vœu général du pays. Fondre ensemble les opinions et les intérêts divers, c'est les tempérer les uns par les autres et faciliter l'épanouissement de la volonté populaire. Sans doute, il faut une mesure à cette fusion, mais le législateur l'a posée, et si étroite, que le droit de correction du suffrage, tout-puissant aux mains des censeurs de Rome, n'est plus qu'un droit imperceptible et parfois inefficace dans celles de nos préfets. La tendance que marquent certains écrivains en s'élevant contre l'ajustement de nos colléges électoraux, nous ramènerait tout droit, qu'on y prenne garde, à la restauration des classes, et, comme conséquence, au vote par corporations. C'est ce que le législateur de 1852 a très sagement voulu empêcher, plus soucieux en ce point de maintenir les principes de 1789 dans leur intégrité que l'école parlementaire et les libéraux de la république modérée.

M. Proudhon, dont l'esprit pénétrant a entrevu le danger, n'a point donné aussi étourdiment dans ce travers, et pour combattre le système des circonscriptions comme antinaturelles, il a cru devoir réagir contre l'œuvre d'unité accomplie en 1790. Il nous rappelle « ces anciens groupes donnés par la nature, et que l'on considérait jadis comme des personnes morales, dont la libre action était aussi respectable que celle de l'individu. » Nous ne saurions du moins expliquer autrement ces paroles que comme un regret du morcellement des anciennes provinces, car c'est précisément cette division par départements et par arrondissements qui a formé ce qu'il appelle « une agglomération de molécules élémentaires, un amas de poussière qu'agite une pensée extérieure et supérieure à lui, la pensée centrale. » Nous voudrions bien savoir, en effet, à quel titre les circonscriptions d'arrondissements seraient plus naturelles que les circonscriptions électorales? Voudrait-il, pour reconstituer « l'autonomie régionale, » que chaque division territoriale, chaque arrondissement, quel que soit le nombre de ses habitants et de ses électeurs, nommât un représentant? Mais alors que devient l'égalité devant le scrutin?

N'est-ce pas, pour l'amour de l'autonomie régionale, avantager les uns aux dépens des autres, sacrifier en partie la souveraineté individuelle du plus grand nombre, en revenir par un côté aux centuries romaines, corriger enfin le suffrage universel d'une façon autrement radicale que par les circonscriptions ? En face de pareilles idées, exposées ou sous-entendues, on ne saurait trop rappeler combien la Constitution de 1852 est plus soucieuse de maintenir l'égalité et le droit de souveraineté du citoyen quand elle dit : « L'élection a pour base la population ; il y aura 1 député au Corps législatif à raison de 35,000 électeurs. » Combien « la souveraineté individuelle » n'est-elle pas mieux protégée, sans porter préjudice à « la souveraineté locale, » qui réside non dans l'arrondissement, mais dans la circonscription immuable du département ? Autant qu'il a été possible, cette double souveraineté a donc été maintenue, et quand on nous parle « d'arbitraire, de société mise en péril, de mort politique de la nation, de dissolution de l'Etat, » nous ne pouvons nous défendre de penser que s'il est habile d'attribuer à autrui ses propres défauts, il n'est pas aussi facile de lui dérober ses qualités.

Les motifs que l'on tire contre la liberté du suffrage de l'état présent de la loi municipale et en particulier de la situation de Paris et de Lyon, sont encore moins sérieux. On cherche à établir une confusion entre deux choses essentiellement distinctes, la vie municipale et la vie nationale. A supposer même que la première fût aussi complétement confisquée qu'on veut bien le dire, quelle solidarité y a-t-il entre elles ? Ne serait-il pas plus juste de dire que souvent toutes deux se contrarient, et que le développement excessif de l'une a précisément pour effet de diminuer sinon d'étouffer l'autre ? N'a-t-on jamais vu des communes passer à l'ennemi parce qu'elles y trouvaient avantage ? Ne voit-on pas tous les jours des clochers en insurrection contre les intérêts généraux du pays, et des municipalités s'entêter dans des routines stériles au lieu de s'enflammer pour les aspirations fécondes ? N'est-ce pas sur ces petits théâtres que s'agitent les passions les moins élevées et se nouent les intrigues les moins nobles ? Appelez cependant ces populations à concourir aux actes de la vie générale du pays, les voilà qui se relèvent de leurs mesquines querelles et qui renaissent aux sentiments de nationalité. Il est donc bon, il est donc juste que l'Etat soit armé pour vaincre ces résistances locales qui peuvent porter préjudice à la masse de la nation et souvent à la commune elle-même, et qu'il restreigne ou brise des volontés qui contrarient les droits de plus grandes majorités, qu'il suspende leurs droits en tant que communiers, comme on disait jadis ; mais il n'est pas moins juste qu'il leur conserve leurs droits en tant que nationaux, en tant que français. C'est en les conviant à prendre part aux grandes démonstrations du suffrage universel qu'on leur enseignera au contraire à se désintéresser, dans une certaine mesure, des vues étroites de l'esprit local, et à sacrifier quelque chose d'eux-mêmes dans l'intérêt de tous. Nous ne saurions donc voir cette incohérence qu'on nous signale entre la loi municipale du 5 mai 1855 et la Constitution, ni admettre qu'en prenant des précautions contre l'insurgence des communes, cette loi détruise l'institution communale et porte la moindre atteinte au suffrage universel. Le suffrage universel est à part, et l'institution communale, loin d'être détruite, échappe, au contraire, par cette loi, aux dangers que les intérêts locaux pourraient créer en poussant la commune en dehors des destinées du pays. S'il nous était possible de signaler la moindre incohérence en tout ceci, nous la verrions dans cette sortie intempestive de M. Proudhon contre les étrangers qui exploitent, dit-il, la capitale de la France et en font une ville cosmopolite. S'il est vrai, comme il l'affirme, qu'ils composent un cinquième de la population parisienne, et qu'un second cinquième soit uniquement occupé à les servir, les loger, les abreuver, les restaurer, à pourvoir enfin à leurs plaisirs, c'est le cas ou jamais pour l'Etat de prendre des précautions extraordinaires contre un danger si permanent de dénationalisation. Qu'on nous passe ce vilain mot pour exprimer une si vilaine chose.

VI

La Constitution de 1852 impose aux députés la condition du serment, et le sénatus-consulte du 17 février 1858 en fait une condition préalable de toute candidature légale. Il doit être prêté dans la forme suivante : « Je jure obéissance à la Constitution et fidélité à l'Empereur. » Des consciences timorées ont voulu voir dans ce serment une raison péremptoire de se tenir éloignées du scrutin ; d'autres, au contraire, plus hardies ou plus éclairées, ont cherché à expliquer à quelles conditions ce serment deviendrait obligatoire pour elles, et dans quelle mesure elles entendaient faire bon ménage avec lui. Le sujet est délicat, il a éveillé les susceptibilités de l'administration. Nous craindrions, en nous aventurant dans les subtilités qu'il soulève, de paraître vouloir discuter sans contradicteur ou atténuer le sens que nous attachons au serment. Cependant, il nous est bien permis de le dire, nous ne croyons pas qu'une âme loyale, quand elle a juré « fidélité à l'Empereur, » puisse garder par devers soi la moindre arrière-pensée qui ne fût pas pour sa dynastie ; et voilà pourquoi, en dépit de l'avertissement, il ne nous déplairait pas de

voir arriver au Corps législatif des hommes comme M. Prévost Paradol, qui appliqueraient toute leur intelligence à développer les institutions impériales et voueraient à l'Empereur cette fidélité parfaite
à laquelle le serment les oblige. Nous applaudirions même de toutes
nos forces à une déclaration solennelle sur la sainteté du serment qui,
venant d'eux, serait si propre à en relever la religion parmi nous. Si
l'on a pu, en effet, se plaindre de la défaillance des caractères et du
relâchement des liens politiques, ne serait-ce pas à ceux qui ont le
plus haut fait entendre ces regrets de montrer par quels moyens on
peut raffermir les uns, par quels exemples on peut resserrer les
autres ?

Au surplus, M. Proudhon, de son souffle puissant, s'est chargé
pour nous de balayer le terrain de toutes les petites chicanes qu'on
y avait accumulées, et nous l'avons maintenant pour auxiliaire. « Le
serment, dit-il, est de sa nature inviolable ; il est absolu, ne com-
porte ni distinction, ni cas résolutoire. C'est un pacte de dévouement,
ou, pour mieux dire, une consécration volontaire d'une personne à
une autre ; toute réserve exprimée ou sous-entendue en changerait
l'essence et le transformerait en un contrat ordinaire. Le serment,
en un mot, doit être respecté quand même ; sinon l'on devient par-
jure. Que si le serment répugne à la conscience, le devoir est de ne
point le prêter, puisque s'il devait être tenu on manquerait à la justice, et, s'il ne devait pas l'être, on tromperait celui à qui on l'aurait
prêté, en sorte que dans tous les cas il y aurait félonie. » On ne saurait mieux dire, et il n'est pas mauvais, après tant de révolutions
qui ont dénoué tant de serments, de mettre, dans l'idée qu'on en doit
avoir, un peu de rigueur et d'absolu. Mais l'auteur ne s'en tient pas
là ; élargissant le cercle de l'obligation contractée jusqu'à ceux qui
ont assisté le contractant, il avait déjà dit : « Le serment, en obli-
geant le député, oblige les électeurs eux-mêmes, dont ceux-ci se
rendent conséquemment participants, et, dans une certaine mesure,
garants. Par le serment du député, comme par celui du candidat, la
démocratie tout entière, opposante ou dynastique, dès lors qu'elle
vote se trouve assermentée. » Ce n'est pas nous qui essayerons de
réfuter des raisonnements qui, s'ils montrent un esprit absolu dans
ses déductions, témoignent en même temps d'un goût prononcé pour
les positions nettes. Mais nous serions trop heureux si bientôt
M. Proudhon, nous faussant compagnie, ne s'avisait de vouloir nous
faire payer chèrement le secours qu'il nous a prêté et ne prétendait
établir une contradiction dans la Constitution même, entre l'article 5
et l'article 14 de cette Constitution.

L'article 14 impose le serment aux députés ; l'article 5 déclare
l'Empereur *responsable devant le peuple français.* « Si l'Empereur

est responsable, la formalité du serment imposé aux députés demeure sans effet, puisque les députés ont pour mandat de contrôler, au nom du peuple, les actes du gouvernement ; qu'à cet effet, ils ont la faculté de refuser l'impôt, ce qui suppose que lesdits contrôleurs sont indépendants du prince, non inféodés par serment à sa prérogative. Si, au contraire, on soutient que ce serment est valide, alors c'est la responsabilité impériale qui devient nulle, aussi bien devant les électeurs que devant les députés. » Nous avons cité ces lignes textuellement, dans la crainte d'en affaiblir la pensée ; mais nos lecteurs sont trop intelligents pour s'être laissé éblouir par le côté spécieux du raisonnement, et n'en avoir pas immédiatement aperçu le défaut. Il y a ici confusion des rôles et abus des mots. Contrôler n'est pas juger ; l'Empereur n'est nullement justiciable du Corps législatif, et celui-ci ne peut, en aucun cas, le mettre en jugement. S'il croit devoir refuser l'impôt..... nous faisons ici une concession excessive, pour mieux montrer la faiblesse de l'argumentation, car il faut supposer le prince en démence, et, dans ce cas, il y a régence, ou le Corps législatif en opposition systématique, et alors il viole son mandat aussi bien que la foi jurée. Admettons pourtant une circonstance extraordinaire, impossible, où il se croie en droit de refuser l'impôt ; il peut le faire sans faillir à son serment de fidélité : fidélité n'implique pas aveuglement, et il donnerait aux puritains comme M. Proudhon une pauvre idée de cette fidélité si elle l'amenait à en manquer à ce point qu'il accordât son assentiment à des fautes assez graves et assez répétées pour appeler une si cruelle extrémité. Car il faut, dans l'hypothèse, supposer des fautes graves et répétées, des fautes voulues ; sinon le serment, la conscience, le patriotisme, tout fait un devoir aux députés de voter les subsides, sauf à motiver leur vote devant le prince et la nation. Contre ce blâme implicite ou contre le blâme explicite du refus, le prince peut en appeler au peuple, seul juge de ses actes, soit dans la forme habituelle des élections, soit par un plébiscite. Si le peuple confirme, c'est au prince de s'amender ; s'il infirme, une nouvelle législature prendra une autre détermination. D'une part, le serment garde son effet et l'indépendance toute sa latitude ; de l'autre, la responsabilité impériale demeure entière, et la sanction même ne lui fait pas défaut. Dès lors, le savant dilemme s'évanouit, et la prétendue contradiction s'en va en fumée. Il demeure démontré que le serment du député est parfaitement compatible avec la souveraineté électorale.

Mais on n'en a jamais fini avec l'habile dialecticien, et voilà que, se retournant d'un autre côté, il essaye de mettre l'Empereur lui-même hors de la Constitution et la permanence de son pouvoir en contradiction avec le suffrage universel : « Ce suffrage est souverain et infaillible ; il a donc le droit de se réformer, et ce droit est reconnu par la Constitution. Aucun de ses actes ne peut prescrire contre la volonté du peuple ; tout en se révisant et en se déjugeant, il reste égal à lui-même et identique. »

Il reste tel, en effet, dans tous les actes fondamentaux qui lui sont soumis, nullement dans les actes d'exécution et pour ainsi dire de la vie courante. Il donne l'être et le sustente, deux choses essentiellement distinctes que M. Proudhon confond à dessein. S'il en était autrement, si les élections pour le Corps législatif étaient un acte égal et identique à ceux du 20 décembre 1851 et du 20 novembre 1852, si elles étaient des plébiscites, comme il l'affirme, elles conféreraient aux députés un pouvoir constitutif qu'ils n'ont pas ; ils auraient le droit de réformer la Constitution, puisqu'ils émaneraient d'un suffrage souverain faisant acte de souveraineté, créant, par conséquent, des délégués à son image. Toute l'argumentation de M. Proudhon repose sur cette confusion, et nous pourrions, à la rigueur, nous dispenser d'aller plus loin, puisque son brillant échafaudage s'écroule quand on lui enlève cette base ; mais nous ne voulons pas négliger les autres objections de l'auteur, parce qu'à notre grand étonnement nous les avons vues reproduites par des écrivains qui prétendent avoir fait mieux qu'une superficielle étude de la Constitution.

A la vérité, la Constitution est perfectible, elle peut être réformée, ce qui ne veut pas dire qu'elle puisse être supprimée. La France est en monarchie, elle a délégué ses pouvoirs gouvernementaux : c'est à dessein que je ne me sers pas du mot *exécutif*, qui est impropre. — Cette délégation n'a nullement infirmé sa souveraineté, qui demeure entière, prêté à se manifester quand des actes fondamentaux lui sont soumis. L'élection du député, nous l'avons dit, n'est pas un acte fondamental. Les actes fondamentaux sont les plébiscites, c'est-à-dire les votes sur des propositions émanées de l'initiative souveraine et du Sénat. Certes, le prince peut abdiquer, et la nation peut l'y amener ; mais loin qu'il soit en dehors de la Constitution, comme on le prétend, il ne pourrait lui-même en retirer légalement sa dynastie qu'avec l'assentiment du peuple, car c'est en vertu d'un acte fondamental qu'il règne, et il faudrait un acte de même valeur pour qu'il ne régnât plus. Le cercle est parfaitement tracé, et l'argumentation la plus subtile ne nous en fera pas sortir.

Vainement M. Proudhon cherche à établir une distinction entre le vote du 20 décembre et celui du 20 novembre. En le faisant, il se met en contradiction avec sa propre doctrine. Si le suffrage universel, comme il le répète à satiété, est toujours « égal à lui-même et identique, » si toutes ses manifestations ont même valeur, si toutes sont des plébiscites, c'est-à-dire des actes de souveraineté, même quand il élit les députés du Corps législatif, à plus forte raison quand il donne son suffrage à des propositions qui lui sont soumises dans les formes constitutionnelles, comme le fut celle du 20 novembre 1852, en vertu de laquelle la dignité impériale était rétablie et la dynastie napoléonienne investie des droits souverains et héréditaires. On ne saurait, dans tous les cas, concevoir une différence entre le vote qui conférait au Prince, avec un mandat temporaire, le pouvoir de faire une constitution et de la promulguer, et celui qui, en sanctionnant cette constitution elle-même, rétablissait la couronne dans la famille impériale. Si la Constitution oblige, elle oblige dans toutes ses parties, dans tous ses corollaires, et avec tous les perfectionnements qu'elle a reçus. Il faut l'accepter tout entière ou la repousser complétement. L'on n'est logique qu'à ce prix. Ce n'est que par une interprétation jésuitique, comme dirait M. Proudhon, qu'on peut séparer la dynastie de la Constitution, et s'obstiner à ne voir dans le plébiscite du 20 novembre qu'un acte de haute munificence, une simple recommandation de la dynastie populaire aux générations futures ; c'est du même coup infirmer le droit qu'avait le peuple de consentir la Constitution et d'élire l'Empereur, c'est nier le suffrage universel. Pas plus que la Constitution, toute perfectible qu'elle soit, n'est effaçable, pas plus la dynastie n'est caduque. Dans l'exercice de sa pleine souveraineté, le suffrage universel a fait ou renouvelé un pacte avec une famille ; jusqu'à l'extinction de l'une ou l'autre des parties, ce pacte illimité subsiste dans toutes ses conséquences, à moins que des circonstances prévues, se présentant dans des formes déterminées et consenties, ne viennent en modifier les conditions. Il suffit d'énoncer ces vérités pour les faire comprendre. C'est l'union la plus intime qui ait jamais existé entre les principes de la légitimité et la souveraineté du peuple, l'expression la plus sincère et la plus juste de cette souveraineté. Loin d'être affaibli par la permanence de cette délégation du pouvoir gouvernant, le suffrage universel y trouve son abri, sa sauvegarde, son élasticité, sa vertu.

Une argumentation si puérile ne méritait peut-être pas une si longue réfutation, bien que l'organe qui représente au plus haut degré les idées parlementaires y ait vu, avec une légèreté tant soit peu niaise, « la production la moins paradoxale et la plus substantielle » de l'auteur ; on nous excusera d'y avoir donné tant de temps, en songeant que des esprits « éclairés » lui ont donné tant d'importance.

VII

En terminant ici l'examen que nous avons entrepris, nous n'aurons négligé, croyons-nous, aucune des questions principales, aucune des objections les plus sérieuses que les partis ont fait valoir contre les droits de l'administration à réglementer les élections ; nous nous sommes appliqué surtout à démontrer que cette réglementation n'est pas seulement un droit, mais une nécessité et par conséquent un devoir. On nous accordera, j'espère, que nous n'avons dissimulé aucun des arguments les plus spécieux de nos adversaires, et que nous nous sommes élevé à leur suite à quelques considérations théoriques qui ne manquent pas de franchise. Dépouillée de toute passion et entreprise seulement dans l'intérêt de la vérité, dans un but de conciliation, cette discussion n'aurait point de conclusion utile si, après avoir fait appel à la raison, nous ne faisions appel aux sentiments des bons citoyens. Il nous est pénible de penser que sur un terrain, qui nous semble si solide et en une matière où tout le monde a montré naguère plus d'esprit que personne, il puisse y avoir des dissentiments assez graves pour constituer à côté du pouvoir une opposition extra-constitutionnelle. Nous l'appelons ainsi parce qu'elle n'a malheureusement pas un autre caractère. On s'en défend, nous le savons bien ; mais au fond, s'il en était autrement, n'accepterait-on pas la Constitution dans son véritable esprit, au lieu de chercher par des subtilités à échapper aux obligations qu'elle impose et aux lois qui en dérivent ? On se dirait franchement du parti de la France, et, au lieu de chercher à diminuer l'autorité dans les formes acquises, on voudrait la consolider par un concours loyal et débarrassé de toutes les restrictions mentales dont on le hérisse. On ne s'efforcerait pas surtout de dénaturer l'esprit de ces institutions nationales en réclamant des modifications plus propres, on le sait bien, à entraver leur développement libéral et à précipiter leur chûte qu'à assurer leur naturel exercice et leur durée. C'est cet esprit, ce caractère gouvernemental qui fait leur mérite et leur efficacité ; c'est par là qu'elles assurent au pays la paix, la richesse, la gloire, et, quoi qu'on en dise, la liberté, car la liberté, si elle n'est pas un vain mot, doit exister pour tous, et un pouvoir parlementaire, comme on nous le vante quelquefois, ne vivrait pas six mois avec le suffrage universel ; il serait obligé de le restreindre ; cela est si peu douteux, qu'on le demande déjà ; dès lors, nous en reviendrions à la suprématie d'une classe sur une autre, à une nation divisée en dignes et en indignes, en ignorants et en éclairés, en censitaires et en prolétaires. Est-ce là la liberté? La première de toutes les libertés politiques, c'est le droit de contrôle, par conséquent le droit de vote; les autres n'en sont que la dérivation.

Mais s'il ne peut y avoir d'opposition, à proprement parler, que celle qui veut changer la nature des institutions ou les renverser, ce qui revient au même, il nous est permis de faire observer à ceux qui s'y égarent qu'ils sont en désaccord avec le pays, et que leur voix, pour être douce, n'en fait pas moins un effet regrettable dans le concert de la nation. Que si l'ambition les tient et qu'ils se sentent portés par une ardeur généreuse à prendre leur part dans le gouvernement, ils n'ont qu'à interroger les sentiments de la France et à se demander si en faisant obstacle à la politique impériale, c'est bien le moyen de s'ouvrir les portes du suffrage universel. Aucun n'est exclu, tous sont appelés au contraire, mais encore faut-il qu'on ne se présente pas devant les électeurs avec des intentions qui les blessent et des arrière-pensées qui les inquiètent. Que les partis ne soient plus des partis dynastiques ou républicains, c'est-à-dire des factions, et le gouvernement n'aura aucune raison d'éclairer les électeurs et de leur désigner ses candidats. Jusque-là, il est de son devoir de montrer au peuple ceux en qui il a confiance et de les lui recommander; il est de son devoir de combattre, les lois à la main, toutes les candidatures suspectes ou hostiles. Les partis font leur travail révolutionnaire, l'administration accomplit son œuvre de conservation.

Pour nous, si quelque chose nous étonne, c'est que tous les hommes de principe, tous les hommes de gouvernement ne soient pas unanimes pour prêter l'appui de leurs talents et de leur intelligence à cette œuvre nationale. Par une ingénieuse fiction, un spirituel écrivain suppose un Français qui, ayant vécu depuis 1789 et mort avant 1848, se trouverait ressuscité et transporté au sein de notre Corps législatif. Il nous le montre se faisant définir les attributions de cette Assemblée et les limites de son autorité légale, se faisant nommer tous les membres et se laissant apprendre que la plupart seront investis d'un nouveau mandat. Puis, il nous peint sa surprise à l'aspect d'une Assemblée si restreinte et son étonnement de n'y point rencontrer ces hommes illustres qu'il a vus en pleine possession de leur talent et de leur gloire, ces nouveaux venus dont il avait applaudi les débuts et pressenti la fortune; « il voudrait savoir quel événement singulier les a fait disparaître tous ensemble, et si quelque édifice écroulé sur leur tête les a écrasés tous le même jour. » M. Prévost Paradol a eu tort, suivant nous, de faire mourir son ressuscité avant 1848; c'est après 1848, au milieu des journées de

Juin, qu'il aurait dû le tuer. Il aurait su ainsi, « cet homme d'un autre temps, » sans prendre la peine de le demander, « quel édifice les a écrasés tous et le même jour ; » il comprendrait à merveille pourquoi l'Assemblée est moins nombreuse et perd moins son temps en discussions oiseuses et en œuvres de rhétorique ; il s'en affligerait peu, surtout si on lui apprenait combien, de méprisée qu'elle était, la France est redevenue grande et forte ; si on lui disait qu'elle a fait, en dix ans, trois guerres heureuses, affranchi une nation, arboré son drapeau à Constantinople, en Syrie, d'où on la chassait jadis ; à Pékin, où l'on ne souffrait pas même ses représentants ; qu'elle a poussé sa frontière jusqu'aux Alpes, sillonné son sol de ces chemins de fer qu'on lui refusait autrefois, augmenté d'un tiers sa richesse territoriale et de moitié son commerce, rebâti ses villes, construit des palais, et que, assurée de sa sécurité au dedans, toute-puissante dans ses volontés au dehors, elle appelle tous les citoyens, pauvres et riches, à participer à la vie politique, et ne fait jamais entendre sa voix en Europe que pour les causes justes et les nations opprimées. Mais, par contre, quelle ne serait pas sa surprise si on lui disait que « ces hommes illustres, » qu'on avait crus écrasés par l'édifice qu'ils avaient construit, se réveillent en ce moment et sortent des décombres ? Cette surprise ne se changerait-elle pas en stupéfaction si l'on ajoutait que, reprenant un à un les débris de leur bâtisse, ils tentent de la réédifier de la même manière et sur le même plan ? Ou plutôt si, appelant son attention sur les élections qui se préparent, on lui montrait les noms de ces coryphées des anciennes Assemblées, illustres ou nouveaux venus, qui se proposent aux suffrages des électeurs, pourrait-il en croire ses yeux ? — Il se recueillerait sans doute, et, après réflexion, il se dirait : « Je comprends, ils sont convertis. »

ALPHONSE DE CALONNE.

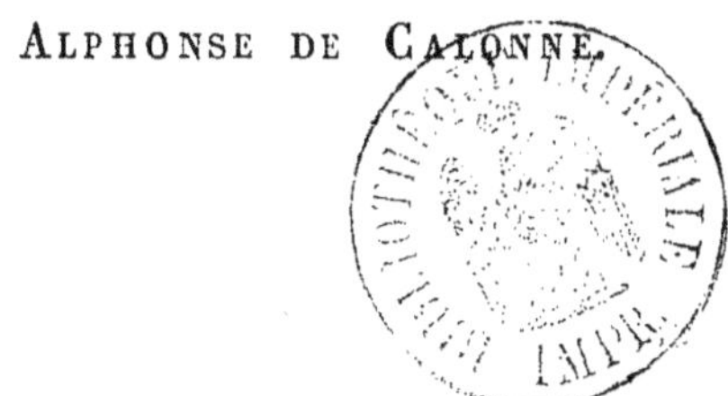

Paris. — Imprimerie de Dubuisson et Co, rue Coq-Héron, 5.